La época colonial

ESCRITO POR JERI CIPRIANO
ADAPTADO POR MARÍA EUGENIA FERNÁNDEZ-JOHNSON

Tabla de contenido

1. La época colonial 2
2. El hogar 4
3. La escuela 10
4. El trabajo 14
5. Los juegos 24
6. Galería de personajes famosos
   del tiempo colonial 28
7. Comparar la época colonial con la
   época moderna 30
   Glosario 31
   Índice 32

CAPÍTULO 1

La época colonial

La época colonial comenzó en 1607, cuando personas de Inglaterra cruzaron el Océano Atlántico para formar una **colonia** inglesa en lo que ahora es Virginia. La llamaron Jamestown, en honor a Jaime I (James I), rey de Inglaterra.

Poco después, más europeos cruzaron el océano al Nuevo Mundo y formaron colonias. Algunos llegaron para comenzar negocios. Otros, como los **peregrinos**, llegaron para poder practicar sus religiones con libertad.

Jamestown, en Virginia, fue la primera colonia inglesa en Norte América.

LAS TRECE COLONIAS

Durante el período colonial se fundaron trece colonias inglesas. A pesar de que estaban a miles de millas de Inglaterra, estas colonias aún estaban bajo las leyes inglesas.

El 4 de julio de 1776, representantes de las trece colonias firmaron la Declaración de la Independencia. Después de que los colonos ganaron la Revolución Americana, estas colonias se convirtieron en los trece estados originales de los Estados Unidos de América.

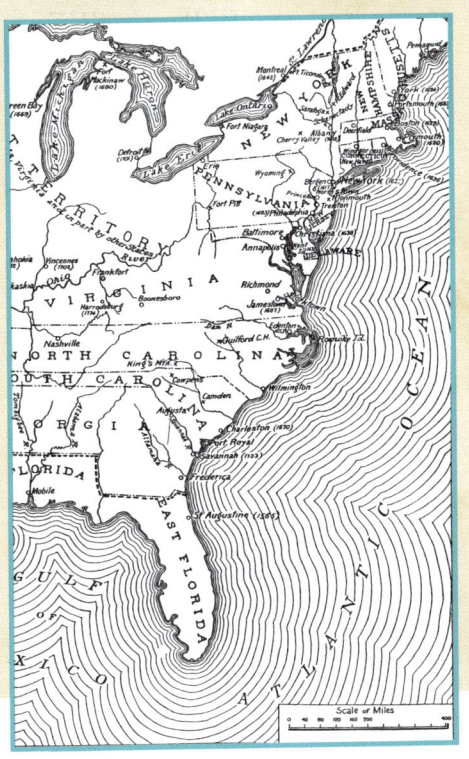

COLONIA	FUNDADA EN
Massachusetts	1620
Rhode Island	1636
Connecticut	1635
Nueva Jersey	1660
Delaware	1638
Nueva Hampshire	1623
Nueva York	1613
Pensilvania	1681
Maryland	1634
Virginia	1607
Carolina del Norte	1663
Carolina del Sur	1663
Georgia	1733

La época colonial duró de 1607 a 1783. De algunas maneras la vida era similar a la vida de ahora. Las familias vivían juntas en casas, los niños iban a la escuela y las personas trabajaban para vivir. Pero en otros aspectos importantes, la vida colonial era muy diferente a la vida moderna.

CAPÍTULO 2

El hogar

La vida en la época colonial era muy ocupada. Las personas tenían que construir sus casas, cultivar sus propios alimentos y hacer su propia ropa y otras cosas, incluyendo el jabón y las velas.

Muchos colonos tenían familias grandes. En algunas familias, había hasta diez o quince niños. Casi todos los miembros de la familia trabajaban. Hasta los niños de seis años tenían trabajos que hacer, como recoger frutas silvestres o leña.

Este es un ejemplo de una casa colonial.

Esta mujer colonial lee un libro mientras hila para coser la ropa de su familia.

Las primeras casas coloniales eran casas pequeñas de madera con pisos de tierra. Pequeñas ventanas dejaban entrar poca luz. La familia permanecía la mayoría del tiempo en un cuarto llamado la sala o **estancia**. Este cuarto era el más ocupado de toda la casa. También era el más caliente. Había una chimenea grande que se usaba para calentarse y cocinar. En la noche los niños mayores subían al ático para dormir.

¡Así Fue!

Las ventanas de vidrio eran poco comunes en las casas coloniales. En cambio, la mayoría estaban cubiertas de tela o papel untado con grasa para dejar entrar algo de luz.

CAPÍTULO 2

Una mujer colonial trabaja en su cocina mientras sus niños también trabajan.

Estos colonos están cosechando sus cultivos.

Tenían que preparar la comida, hornear el pan, batir la mantequilla. Tenían que matar y limpiar las gallinas y los cerdos antes de cocinarlos.

HORA DE MERENDAR

Snickerdoodles eran unas galletas coloniales muy populares. Hoy en día todavía las hacen. Prueba esta receta moderna para hacer snickerdoodles en casa.

Necesitarás:

- 1 taza de manteca o mantequilla
- 2 huevos
- 2 ¾ tazas de harina cernida
- 1 cucharita de bicarbonato de soda
- 2 cucharas de azúcar
- 1 ½ tazas de azúcar
- 1 cucharita de vainilla
- 2 cucharitas de crema tártara
- ½ cucharita de sal
- 2 cucharitas de canela

- Mezcla la manteca y el azúcar en un recipiente. Agrega los huevos y la vainilla.
- En otro recipiente, cierne la harina, la crema tártara, el bicarbonato de soda y la sal.
- Mezcla la harina con la mezcla de manteca. Enfría por ½ hora. Amasa la masa en bolitas tamaño de nuez y hazlas rodar en la mezcla de azúcar y canela. Ponlas a 2 pulgadas de distancia cada una en una bandeja sin grasa. Horneálas a 400 grados Fahrenheit por 7-8 minutos o hasta que estén un poco doradas pero suaves.

Esta mujer colonial cuida sus animales en la granja.

Los nativos americanos les enseñaron a los colonos a sembrar maíz y a cocinarlo. Cada hogar tenía docenas de recetas de maíz. Las personas también sembraban y cocinaban chayote, frijoles y calabazas. Aprendieron como sacar **savia** de los árboles de arce. Luego hacían azúcar de arce y miel de arce para endulzar sus comidas.

Los hombres y niños pescaban. También, ellos cazaban pavos silvestres, conejos o venados. Algunas familias criaban gallinas y cerdos para tener huevos y carne.

CAPÍTULO 2

Una niña colonial ayuda a su familia a pelar manzanas.

Los colonos tenían que trabajar muy duro cuando el clima era cálido para poder tener suficiente comida durante los inviernos fríos. Las familias ahumaban o salaban la carne. Ellos pelaban, cortaban y colgaban la fruta para secarla. No habían muchas vacas en la época colonial, así que no había mucha leche. Muchas personas tomaban **sidra** hecha de las manzanas y otras frutas.

GUÍA PARA VIVIR EN TIEMPOS COLONIALES

El libro *El Ama de Casa Colonial*, un libro publicado primero en Londres, daba instrucciones de cómo preparar carnes, sembrar y preservar vegetales y hacer cerveza y cerveza ligera. Muchos colonos trajeron con ellos este libro de Inglaterra cuando se mudaron a las colonias.

EL HOGAR

Estos hombres están trasquilando las ovejas para juntar la lana.

Esta familia colonial trabaja junta para tejer la lana y hacer ropa.

Las personas criaban ovejas para usar su lana. Primero, tenían que **trasquilar** las ovejas para juntar la lana. Luego peinaban la lana antes de hilarla para hacer con el hilo tela en la rueda de hilar. Las niñas aprendían a tejer la lana para hacer ropa. Las mujeres teñían la tela en diferentes colores usando el jugo de frutas silvestres. Después cortaban y cosían la tela para hacer ropa.

CAPÍTULO 3

La escuela

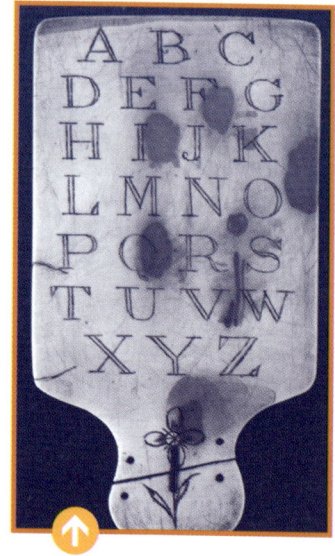

un abecedario colonial

No todos los niños iban a la escuela. Aquellos que sí iban comenzaban en una escuela que se llamaba **escuela "dama"** porque el maestro siempre era una mujer. Los niños iban a su casa a aprender a leer y escribir. Los niños aprendían las letras de un **abecedario**, porque los libros eran muy costosos. Un abecedario era un pedazo de madera con el alfabeto en un lado y usualmente un cuento al otro lado. Cuando los niños podían leer ambos lados del abecedario, entonces terminaban la escuela "dama."

⬆️ **Este dibujo muestra una escuela comunal en Nueva Inglaterra durante los años 1700. Toda la escuela estaba en un cuarto.**

Los pueblos con más de cincuenta familias tenían que construir escuelas comunales para que los varones pudieran continuar con su educación. En algunas colonias, las niñas también podían asistir a la **escuela comunal**. En otras, se quedaban en casa y aprendían quehaceres del hogar.

Las escuelas comunales tenían un solo cuarto. Durante el frío invierno, una sola chimenea daba el calor. Cada alumno tenía que traer leña para el fuego. Si un alumno no traía leña tenía que sentarse lejos del fuego.

⬅️ **Esta pintura muestra una escuela "dama" en Nueva Inglaterra en los años 1700. Los niños están practicando cómo escribir las letras.**

CAPÍTULO 3

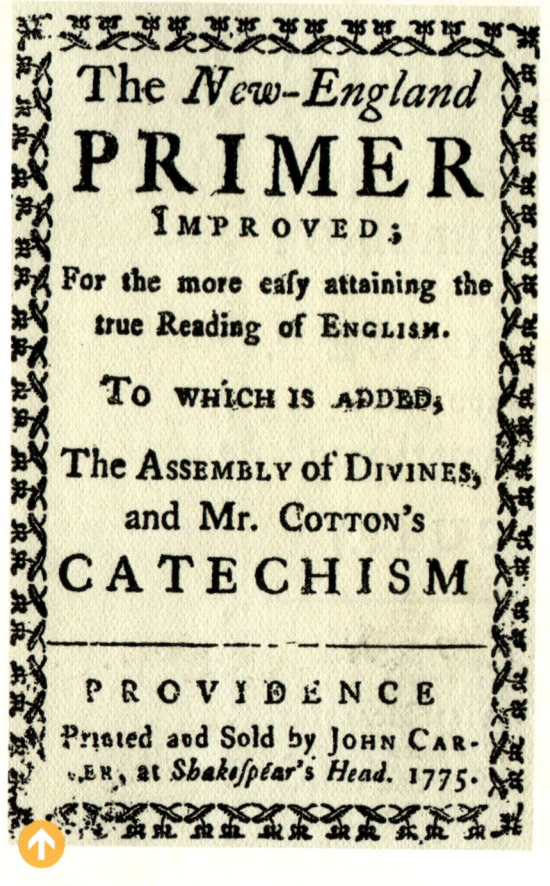

Había solamente un libro elemental titulado New-England Primer (Cartilla de Nueva Inglaterra).

Los maestros de la escuela comunal eran normalmente hombres. Las familias de los alumnos eran responsables de pagarle al maestro, a quien llamaban profesor. Algunas familias pagaban con dinero. Otras pagaban con comida.

El único libro elemental se llamaba New-England Primer (Cartilla de Nueva Inglaterra). Utilizaba rimas y oraciones religiosas para enseñar las letras del alfabeto.

El papel era muy costoso, así que los estudiantes escribían en pedazos de corteza del árbol de abedul. Escribían con piezas de plomo o usaban plumas de ganso mojadas en tinta hecha en casa.

plumas de escribir y tinteros

La Universidad de Harvard en Massachusetts se fundó en 1636.

El niño parado en la esquina derecha está usando un gorro con orejas de burro.

Los profesores eran muy estrictos. Si un alumno no estaba prestando atención, el profesor podía colgarle un cartel o letrero en el cuello que dijera Niño Perezoso. Un alumno que no se sabía la lección tenía que sentarse en un banco de burro y usar un gorro con orejas de burro.

A la edad de once años los varones se iban a trabajar, ya que la mayoría había terminado sus estudios. Sin embargo, los varones que eran de familias ricas normalmente tenían tutores privados y asistían a la universidad.

¡Piénsalo bien!

¿Cómo te sentirías si tuvieras que sentarte en la escuela usando un gorro con orejas de burro? Escribe acerca de esto.

CAPÍTULO 4

El trabajo

Las fábricas y centros comerciales no existían en la época colonial. En cambio, los **artesanos** hacían y vendían muebles, herramientas y utensilios.

Los **carreteros** hacían y reparaban ruedas de madera.

Los **sopladores de vidrio** hacían todo tipo de cristalería.

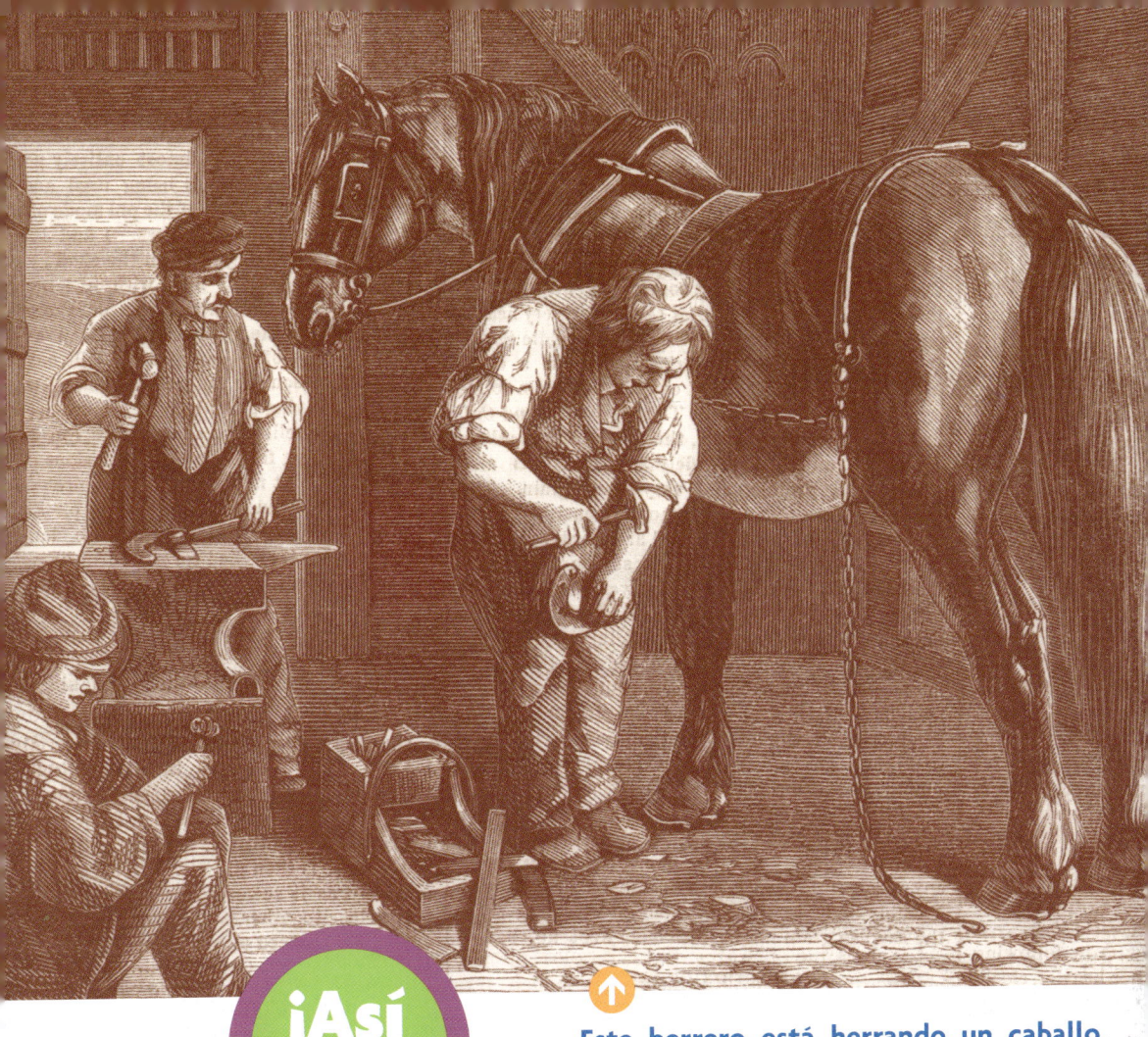

↑ Este herrero está herrando un caballo.

¡Así Fue!

Los artesanos, a veces, aceptaban huevos o harina en vez de dinero, como pago por sus mercancías o servicios. Este intercambio se conocía como el sistema de trueque.

Las personas en el tiempo colonial usaban caballos para ir de un lugar al otro. Por esta razón, casi cada pueblo tenía un herrero que podía colocar herraduras a los caballos. Él también hacía ollas, cacerolas, herramientas y clavos. A veces el herrero también era el dentista del pueblo. Él curaba los dolores de muelas sacando los dientes. Los barberos a veces también hacían trabajos de dentistas.

CAPÍTULO 4

▲ Este zapatero colonial trabaja al aire libre haciendo zapatos.

Estos toneleros están haciendo barriles en Jamestown.

Las personas en la época colonial caminaban de un lugar a otro, cuando no iban a caballo. Tanto caminar desgastaba sus zapatos. El **zapatero** del pueblo estaba listo para ayudarles. Él remendaba los zapatos viejos y también hacía nuevos.

El **tonelero** era otro trabajador importante del pueblo, hacía barriles y cubetas. Las personas necesitaban barriles para guardar su sidra, cerveza y agua. También usaban los barriles para guardar las carnes y pescados ya salados.

EL TRABAJO

⬆ **Estos fabricantes están haciendo ladrillos en moldes y luego poniéndolos al sol para secarlos.**

Las personas necesitaban casas para vivir. Éstas estaban hechas de ladrillos y madera. Los fabricantes de ladrillos y los carpinteros eran artesanos importantes en el pueblo.

Este carpintero está haciendo puertas para una casa nueva. ➡

¡Así Fue!

En la época colonial, no existía el concepto de un zapato derecho y un zapato izquierdo, lo que hacía que cada zapato fuera igual.

17

CAPÍTULO 4

En la época colonial había muy pocos bancos. La mayoría de personas llevaban sus monedas de plata al platero. El platero derretía las monedas y las martillaba para hacer lindos cubiertos de mesa.

cubiertos coloniales hechos de monedas

PAUL REVERE

Casi todos han escuchado acerca del famoso Paul Revere que avisó a la armada colonial que los ingleses iban a atacar. ¿Sabías tú que Paul Revere también era un platero experto? Alguna de su platería se puede ver en museos hoy en día.

⬆ Un pregonero público de un pueblo colonial anuncia las noticias mientras gente del pueblo lo escucha.

En la época colonial había muy pocos periódicos. La mayoría de pueblos tenía un pregonero público. Su trabajo era caminar por las calles y anunciar las noticias del día. Para anunciar noticias muy especiales, el pregonero tocaba un tambor o hacía sonar una campana. Las personas entonces corrían a escucharlo.

La gente también escuchaba noticias de viajeros que hablaban acerca de lo que estaba pasando en sus pueblos.

EL VIGILANTE DEL PUEBLO

Era contra la ley estar afuera de casa por la noche. Si alguien estaba afuera, el vigilante nocturno le mandaba para su casa. El vigilante también despertaba a las personas que tenían que madrugar para hacer un viaje largo.

CAPÍTULO 4

BENJAMÍN FRANKLIN

Muchas personas saben que Benjamín Franklin era un inventor y hombre famoso. Benjamín Franklin también ayudó a mejorar el servicio postal en las colonias. Como Administrador de Correos de Filadelfia, ayudó a reducir a la mitad el tiempo que tomaba llevar el correo. En 1775, fue nombrado Director General de Correos para todas las colonias.

No había servicio regular de correos en las colonias. Una carta podía tardar de uno a dos meses para llegar de una colonia a otra. El clima o las condiciones de las carreteras eran usualmente malas. ¡A veces era más rápido mandar una carta a Inglaterra! Los barcos llevaban el correo a Inglaterra en pocas semanas.

El primer servicio de correos comenzó en 1672, más de cincuenta años después de que llegaron los peregrinos a Plymouth Rock. Hombres a caballo llevaban el correo, se llamaban carteros a caballo.

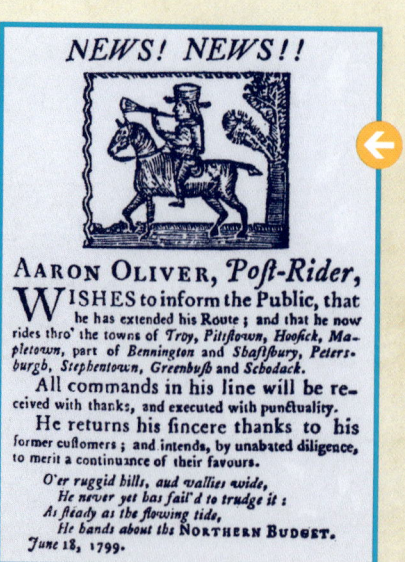

← Un cartero a caballo anuncia que ha extendido su ruta.

Esta niña aprende de su mamá el arte de hilar.

En el tiempo colonial los trabajadores no aprendían sus destrezas en la escuela. Los artesanos aprendían sus oficios trabajando como ayudantes o aprendices de otros artesanos. Los niños y niñas eran aprendices entre las edades de diez a quince años.

Los varones eran aprendices de artesanos, como **carreteros** o toneleros. A veces, los varones aprendían los oficios de sus padres. Las niñas aprendían oficios domésticos como el de tejer, hilar y hacer velas. Muy rara vez trabajaban fuera de la casa.

CAPÍTULO 4

Los peregrinos en la Colonia de Plymouth asisten al templo los domingos.

Los aprendices trabajaban largas horas sin pago a cambio del entrenamiento que recibían. Esto podía durar hasta siete años. Al final de este tiempo, cada **aprendiz** tenía que producir un objeto terminado. El objeto se llamaba **obra maestra** porque era evaluada por el artesano maestro. Si estaba bien hecha, el aprendiz se convertía en un **jornalero** calificado, quien viajaba de pueblo en pueblo reparando y haciendo trabajos hasta que tenía ahorrado suficiente dinero para abrir su propio taller.

Este maestro alfarero trabaja mientras su aprendiz lo observa.

La gente trabajaba seis días a la semana. Los domingos todos iban al templo a orar. A nadie le importaba si un bebé se dormía durante el sermón. Pero el vigilante de la iglesia se aseguraba que nadie más se durmiera.

El vigilante tenía una vara con una cola de ardilla peluda en una punta y una agarradera de madera en la otra. El vigilante usaba la parte de la cola peluda para hacer cosquillas a los ancianos que se dormían. Él usaba la agarradera de madera para despertar a los niños que se dormían tocándolos en la cabeza. Aquellos que eran vistos riéndose o murmurando en la iglesia tenían que pagar dinero.

CAPÍTULO 5

Los juegos

¡Así Fue!

Las personas creían, en la época colonial, que el trabajo era algo bueno. Ellos creían que era pecado ser perezoso.

Aun así, la gente de las colonias encontraba tiempo para divertirse. Ellos compartían comidas con sus familias y amigos.

Ellos celebraban eventos importantes como eran los días festivos, los matrimonios, una buena cosecha o al terminar de construir una casa nueva.

Una vez al mes, algunos pueblos tenían un día que llamaban Día de entrenamiento, durante el cual los hombres y niños hacían carreras. Ellos competían en concursos de tiro al blanco y peleas.

Los colonos bailan en una celebración de matrimonio.

↑ Unos colonos adinerados bailan un minué en la casa de un amigo.

← Una familia en Nueva Inglaterra invita a sus amigos a comer.

A pesar de que la mayoría de los colonos tenían poco tiempo para descansar, algunos colonos adinerados tenían más tiempo. Ellos disfrutaban bailes, fiestas y otros eventos sociales.

CAPÍTULO 5

LOS JUEGOS

Una niña hace rodar un aro. Usualmente se podía encontrar un aro en el taller del tonelero.

Este niño esta jugando con una pelota y un vaso.

trompo de madera

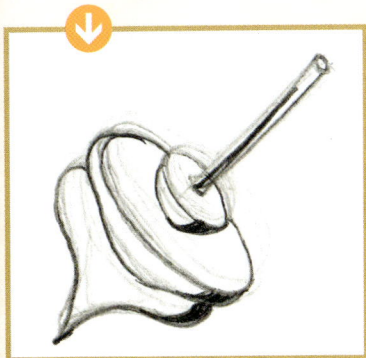

muñeca de hojas de maíz

ejemplo de bordados

Los niños colonos también trabajaban muy duro, pero encontraban maneras de divertirse.

Los varones se subían a los árboles y hacían volar papalotes o cometas. Ellos jugaban con pelotas de cuero rellenas de plumas. También tallaban objetos de madera con sus navajas.

Las niñas jugaban más con muñecas. Ellas hacían sus propias muñecas de tela o de hojas de maíz. Las hojas son las que cubren la mazorca de maíz.

Los niños cantaban canciones, hacían rodar aros y montaban a caballo. Jugaban juegos como el "corre que te alcanzo" (tag), a las escondidas y adivinanzas actuadas. En el juego de adivinanzas actuadas un jugador actúa una palabra para que otros adivinen lo que es.

CAPÍTULO 6

Galería de personajes famosos de la época colonial

Algunos personajes famosos que vivieron en la época colonial son:

William Penn

William Penn fundó la colonia de Pensilvania. Penn era un **cuáquero**. Los cuáqueros creían en la igualdad. El gobierno que Penn estableció fue el más democrático de todas las colonias.

Roger Williams

Roger Williams era un ministro inglés que llegó a Boston en 1631. Él fundó la colonia de Rhode Island para que las personas pudieran practicar la religión que quisieran.

Pocahontas

Pocahontas fue una indígena americana que salvó la vida del Capitán John Smith en Jamestown. Ella se casó con John Rolfe y el rey la trató como realeza cuando visitó Inglaterra.

William Bradford

William Bradford fue el primer gobernador de la colonia Plymouth en 1621. ¡Fue reelecto treinta veces!

George Washington

George Washington fue el Comandante en Jefe de la Armada Continental durante la Revolución Americana. Él fue el primer presidente de los Estados Unidos.

Phillis Wheatley

Phillis Wheatley fue traída como esclava desde África. Ella aprendió sola el idioma inglés y el latín y escribió poesía que la gente de su tiempo admiraba.

CAPÍTULO 7

Comparar la época colonial con la época moderna

Las costumbres y hábitos de las personas que viven ahora en los Estados Unidos han cambiado en muchas formas desde la época colonial. Sin embargo, algunas cosas permanecen iguales.

Haz una tabla como la que está a continuación para comparar tu estilo de vida al estilo colonial del cual haz leído. ¿En qué es similar? ¿En qué es diferente?

VIDA COLONIAL	MI VIDA
EN EL HOGAR cosechar la comida, hacer la ropa, hacer muchos oficios	**EN EL HOGAR** comprar comida, comprar la ropa, hacer pocos oficios
EN LA ESCUELA	**EN LA ESCUELA**
EN EL TRABAJO	**EN EL TRABAJO**
EN LOS JUEGOS	**EN LOS JUEGOS**

¡Revisa esto!

Tú puedes aprender más acerca de la vida colonial visitando Plimoth Plantation, el lugar del primer establecimiento de los peregrinos del Mayflower, vía internet en www.plimoth.org

Glosario

abecedario	pedazo de madera con el alfabeto en un lado y usualmente un cuento al otro lado
aprendiz	persona que está aprendiendo un oficio sin sueldo o pago
artesano	persona que ejerce un arte u oficio con habilidad
carretero	persona que fabrica ruedas de madera, carretas y carretillas
colonia	establecimiento fundado por un conjunto de personas que van a poblar un territorio lejano, pero que continúan bajo las leyes de su país
cuáqueros	una secta religiosa cristiana que cree en un estilo sencillo de vida y que está en contra de la violencia
escuela comunal	escuela colonial en un solo cuarto
escuela "dama"	nombre propio que describe la casa de una señora que enseñaba a los niños más pequeños
estancia	el cuarto principal de la casa colonial o sala
jornalero	persona que ya dejó de ser aprendiz y que ya recibe pago por su trabajo
obra maestra	producto terminado, hecho por un aprendiz, con el cual mostraba haber aprendido el oficio
peregrinos	grupo de personas religiosas que vinieron de Inglaterra a Plymouth, Massachusetts en 1620, para practicar sus religiones con libertad
savia	sustancia que sale de la corteza de un árbol
sidra	jugo fermentado sacado de las manzanas
snickerdoodles	galletas de la época colonial
tonelero	persona que hace barriles y cubetas
trasquilar	cortar la lana a una oveja
zapatero	persona que hace y repara zapatos

Índice

aprendices, 21–22
artesanos, 14–18, 21–22
Bradford, William, 29
comidas, 6
correo, 20
escuela, 10–13
familia, 4–5, 24
Franklin, Benjamín, 20
Jaime I (James I), 2
jornalero, 22
juguetes, 26–27
New-England Primer, 12
niños, 3, 4–6, 10–11, 23, 27

Penn, William, 28
peregrinos, 2, 20, 22
Pocahontas, 28
Revere, Paul, 18
ropa, 9
trece colonias originales, 3
Washington, George, 29
Wheatley, Phillis, 29
Williams, Roger, 28